U0520583

胸口的大象

为何失恋也值得

[德] 露西娅·扎莫洛 著
小轶 译

中国青年出版社

"爱情是世间最美妙的感觉，"

下面这位沉醉于新恋情、鼻子上架着玫瑰色爱心眼镜的老兄说。

"但爱情
〈有时〉也是
世界上最最糟糕
的感觉，"
我说。
因为

我失恋了

我的
眼镜

心碎

可以有1200万种理由。
——这可是已经被证明过的!

篇幅所限,
加上我可能会漏掉其中的3022种,
就不在这里一一列举啦。

不管怎样,事实就是:
这种感觉从来不好。

甚至是 非常
糟心

误呀！

能具体说说吗?

可以啊!

基本上就是,
你会感觉突然间天旋地转,分不清——

东西 单光

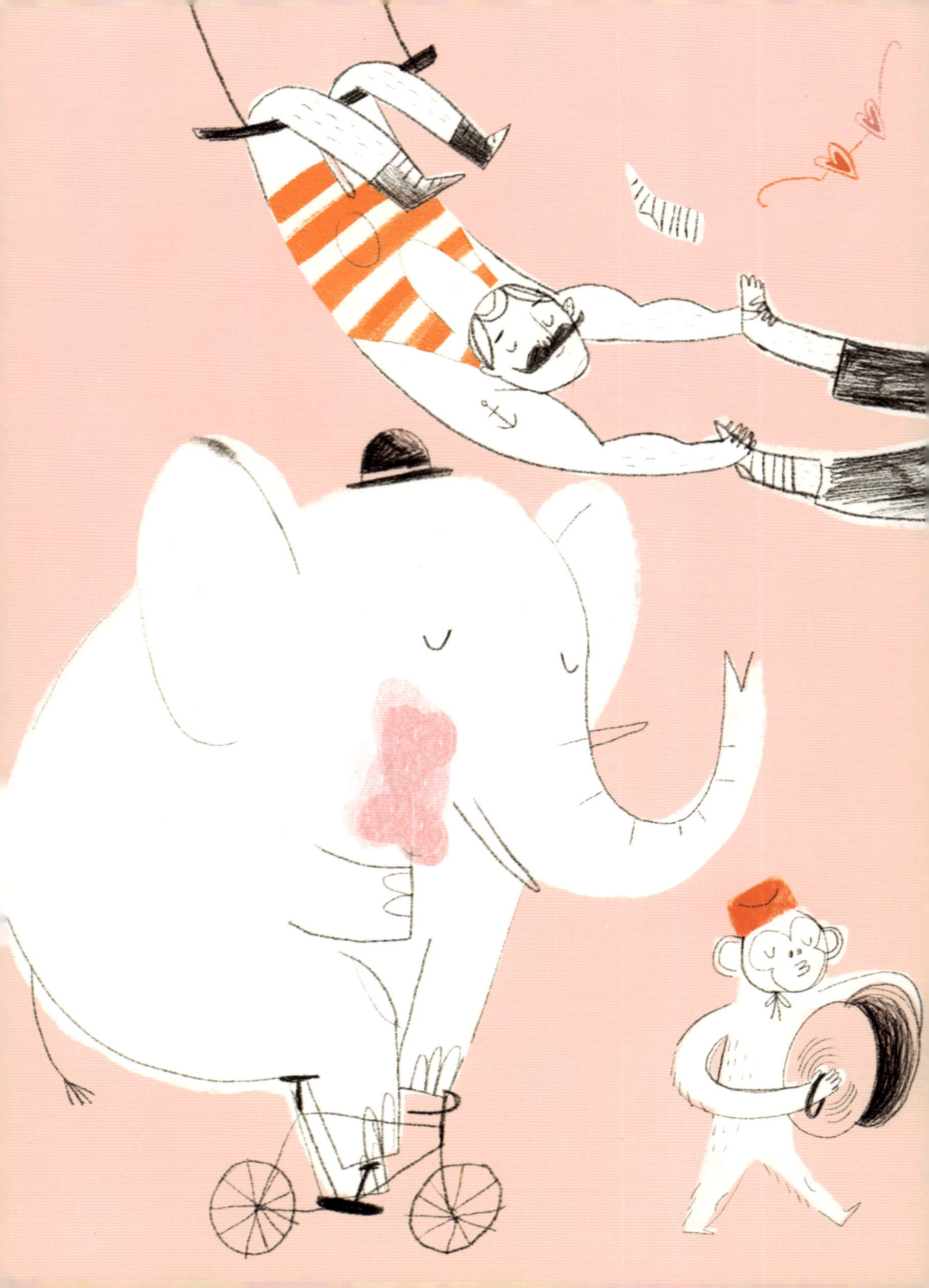

大概
你现在会有一种
置身马戏团的体验。

剧透：
别急
下面这个黑洞洞，
待会儿就扔你进去。

在某一个时间点，
你会希望
——赶紧落地吧——
——不管摔得多惨——

因为只有这样
才可以
重新开始啊。

整件事儿的
关键在于，
"心碎"
来得比你预想中
快得多。

就像是，
从大片的
玫瑰色云朵中
突然跌落……

但下坠的时间
比你预想中
长得多。

理查德·瓦格纳的歌剧
《特里斯坦与伊索尔德》
把失恋心碎这件事
准确地表现在了各个层面上。
女主角伊索尔德死于心碎，
加上这部爱情史诗剧长达5个小时

　　　　　　绝对是非常具有戏剧性了

第三幕

伊索尔德还活着，
（特里斯坦只剩一口气）

特里斯坦～～！
啊！

伊索尔德～～·—
（他死了）

但是还没完！
伊索尔德先是晕倒，
然后唱了一首关于特里斯坦的咏叹调，
再然后，她才死了。

一些观众苦于悲伤的剧情，
另一些观众苦于演出的时长。

不管属于哪一种，
当你欣赏完整部剧，
精疲力竭地回到家，
感觉自己需要一些时间才能缓过来。

而这，
正是你在真正失恋后

所要经历的感觉。

没有任何事
&
没有任何人

可以帮你。

至少还有：爸妈！
但他们能理解多少呢？？

宝贝～～
饭好啦！来吃吗？
爸爸做了培根蛋酱面哦。
特地做成你想要的素食版呢！

吃不下！！

（此时，一定要戏精上身地窝在床上，
一条条看我和他的聊天记录）

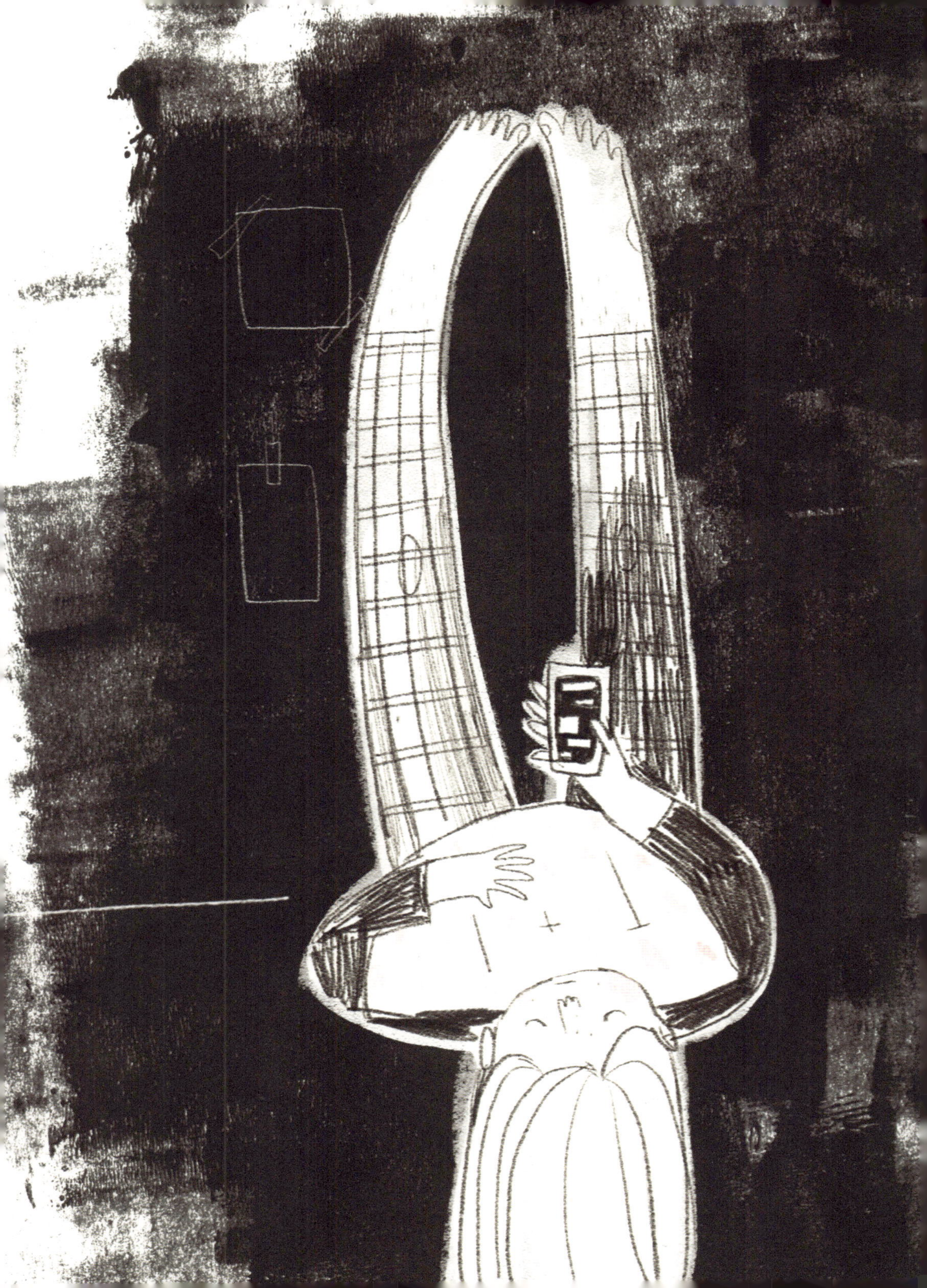

所以，
现在，
失恋大讲堂开讲咯。

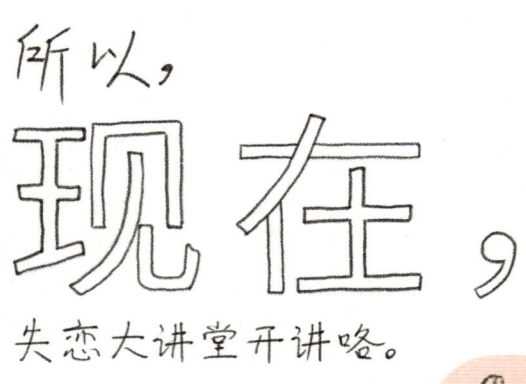

启示 1.

谁还没个年轻的时候，
爸妈也体会过这样的感受！

——妈妈，
我在这儿发现了一封旧情书，
但咋不是老爸写给你的呢！?！

启示 2. 人在任何年纪

都可能遭遇这种

恼人
的
心痛

&

年纪大了
也并不会疼得轻一些。

这一点儿也不奇怪,
想知道失恋的时候,
人的脑袋里是怎样的吗?

好吧,就让我来"现身说法"吧……

当当当当!

这就是我的
"失恋脑"。

催产素（OXYTOCIN），
也被叫做亲密荷尔蒙或联结荷尔蒙，
它是一种使我们的感情关系
维持稳定与和谐的激素。

+ 当你恋爱时，
大脑中的特定部位被激活，释放出催产素
等化学物质，令人快乐，使人"上瘾"。

反之：当爱情不在了，
你会经历所谓的"戒断现象"，
因为感觉上也像是少了什么东西一样。

我的东西在哪儿呢？！

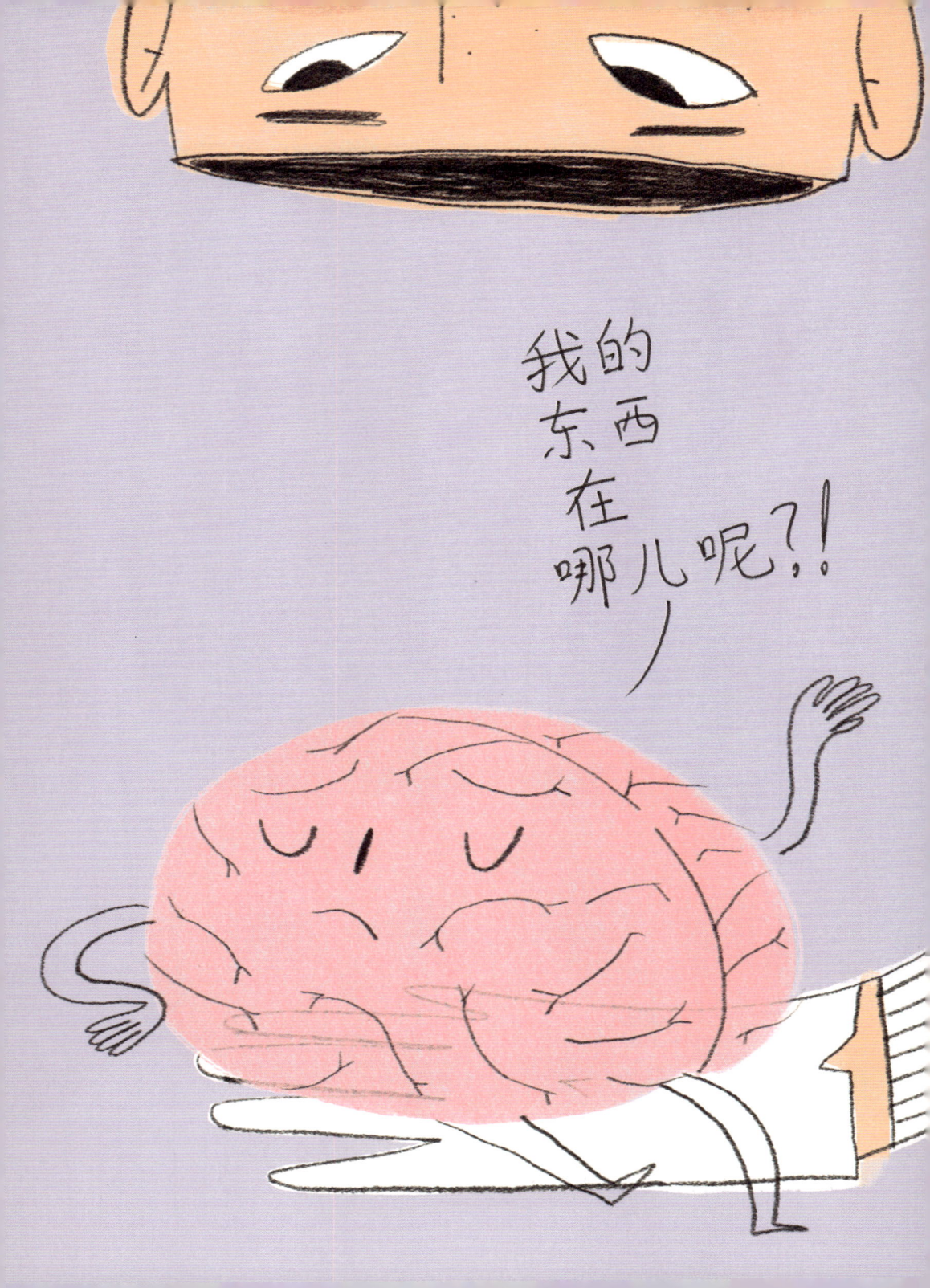

就这样…

……我的心
被人
从胸口
扯了出来。

——真是
　　冷酷无情没心肝……

而大脑中
负责心碎之痛的区域，
与负责身体受伤之痛的
是同一个地方。

顺便讲一下

<甚至>有种病叫做

心碎综合征
(heartbreak syndrome)

多发于较年长的女性

情况是这样的:
心脏的一侧由于情绪负担太重,累瘫了。

↘压力太大
=肾上腺素
水平升高

症状类似心肌梗塞:
严重者,会产生呼吸困难、胸痛、恶心以及胸腔压迫感。

这种感觉就像是:↘

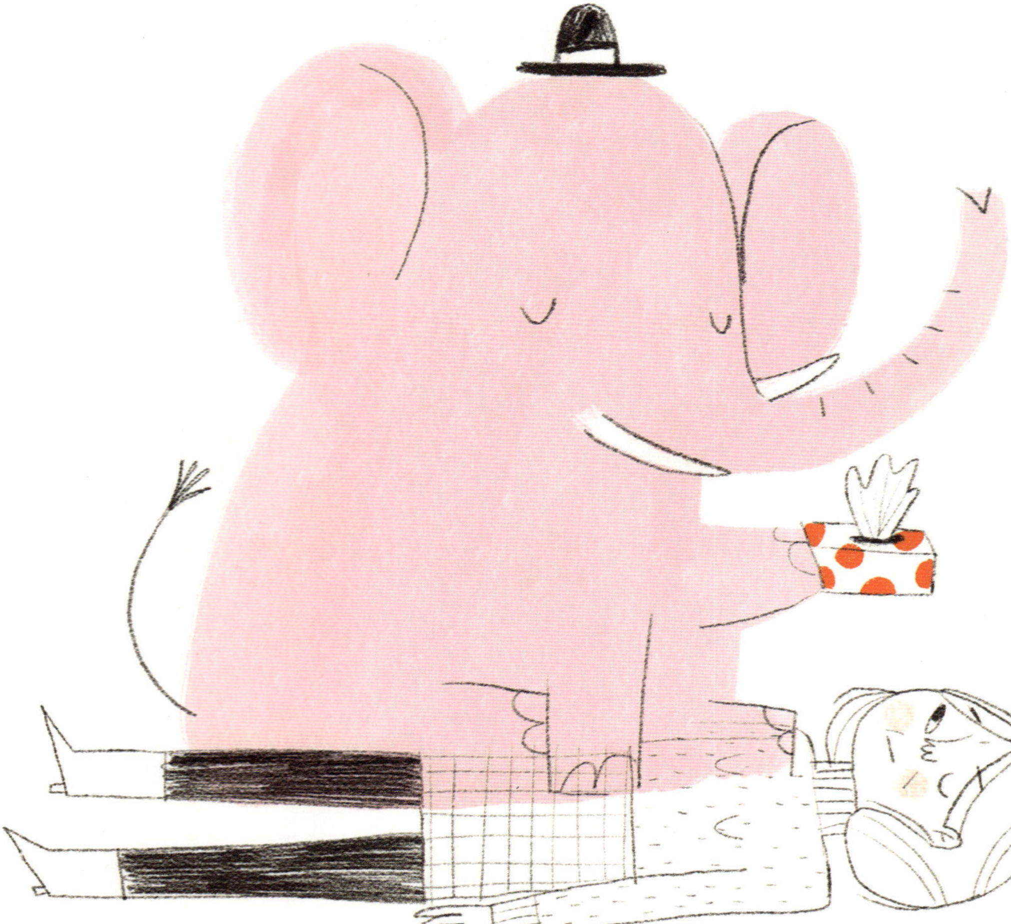

"一只大象坐在胸口上"

真是再贴切不过的形容了,
与中文的"小鹿乱撞"、
英文的Butterflies in the stomach
——可谓相映成趣。

从古至今,

人类为了探究**爱情**的意义和目的颇费了一番思量。

柏拉图 (Plato, 古希腊哲学家) 曾为了琢磨心碎的问题想到头破。

注意喽!
会"破"的
可不止有心。

柏拉图在《会饮篇》中写道:
阿里斯托芬 (Aristophanes, 古希腊喜剧家) 认为:

很久以前，人类长得圆滚滚，一个身子上长着四条胳膊四条腿，两张脸朝着前后两个方向，还同时拥有两种性别，

像这样： ♀ + ♂
♀ + ♀
♂ + ♂

要加奶吗？

只加燕麦奶！

然而有一天他们因为自高自大惹恼了众神……

你们好烦啊！

所以宙斯奥林匹斯山的**众神之王**

biu

救命啊

好痛

为了惩罚人类，把他们劈成了两半。

从此以后，

人终其一生都在
寻找着另一半

以

求

今

生
的
幸福。

柏拉图接着写道：

　　苏格拉底（Socrates，古希腊哲学家）说，

　　　他的老师、女哲学家迪奥蒂玛（Diotima）认为，

爱情的小恶魔，
一个名为厄洛斯（Eros）的半神半人

拥有将有限的生命
化为永恒的
强大神力。

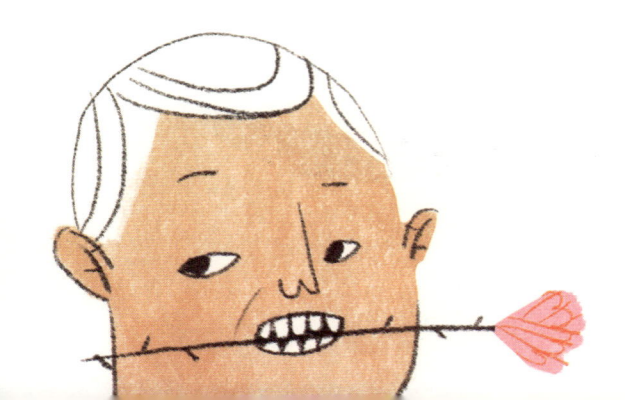

好奇心作祟，
我去研究了下这位传说中的半神长什么样。
网络百科果然<又一次>没有让我失望。

"在一些古希腊绘画中，
　厄洛斯的形象通常骑着一只鸭子。"

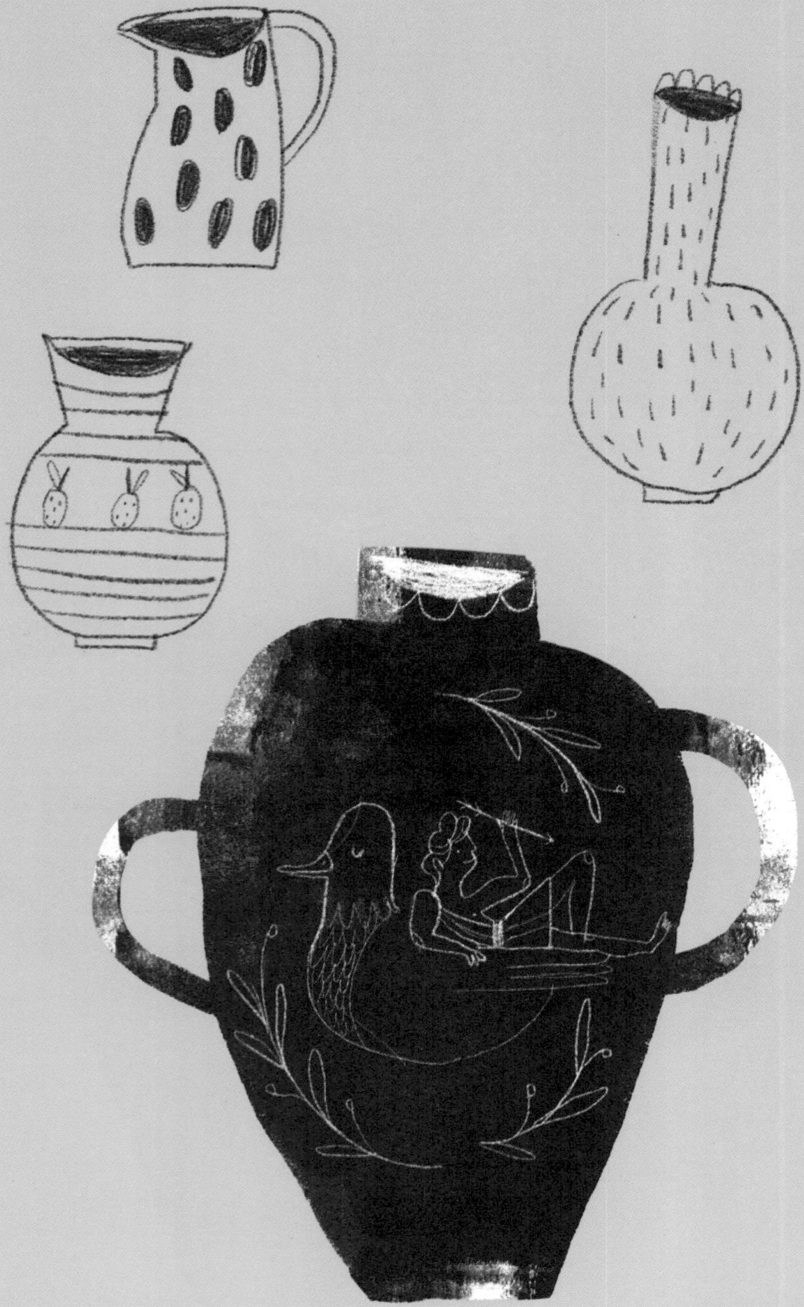

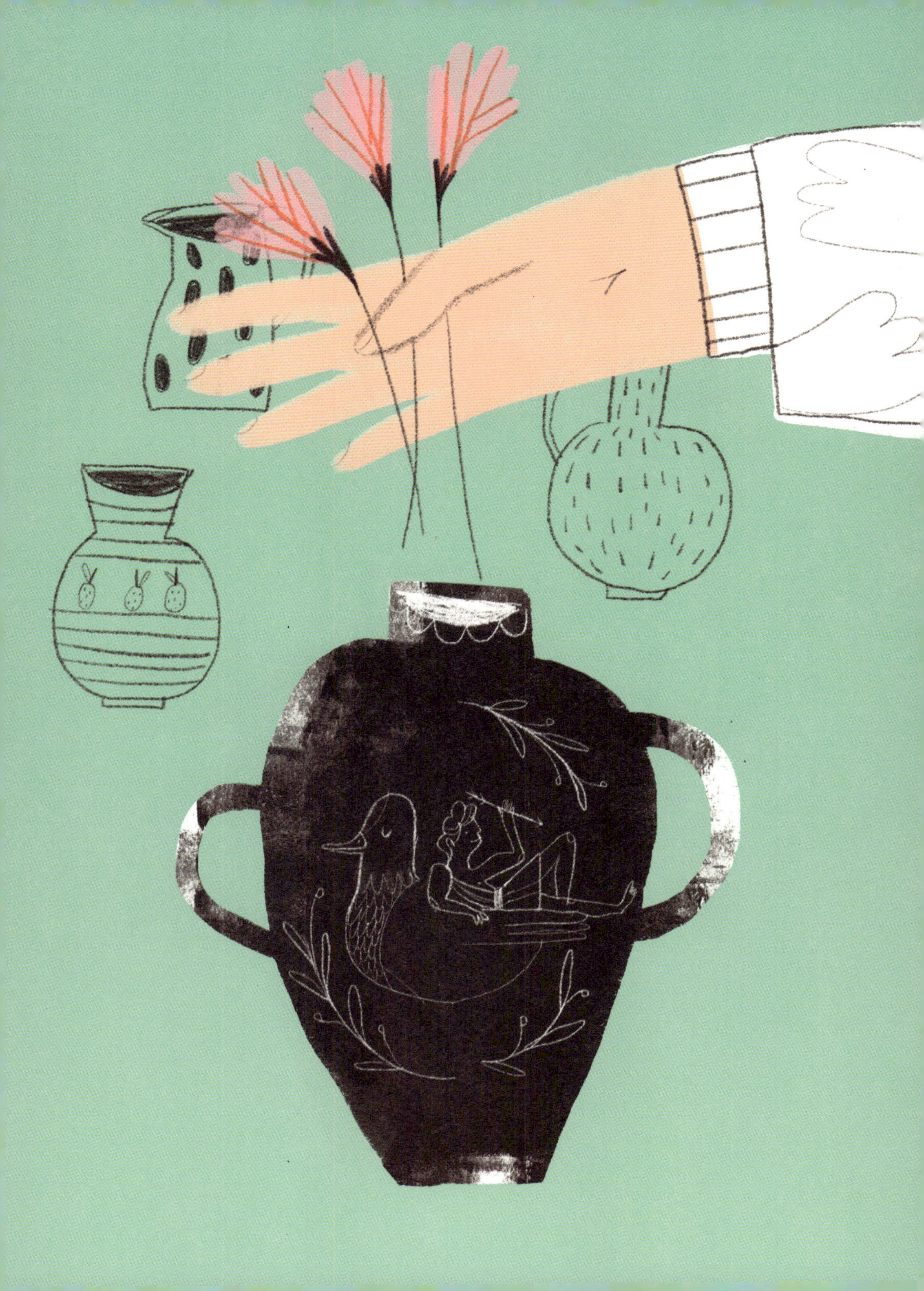

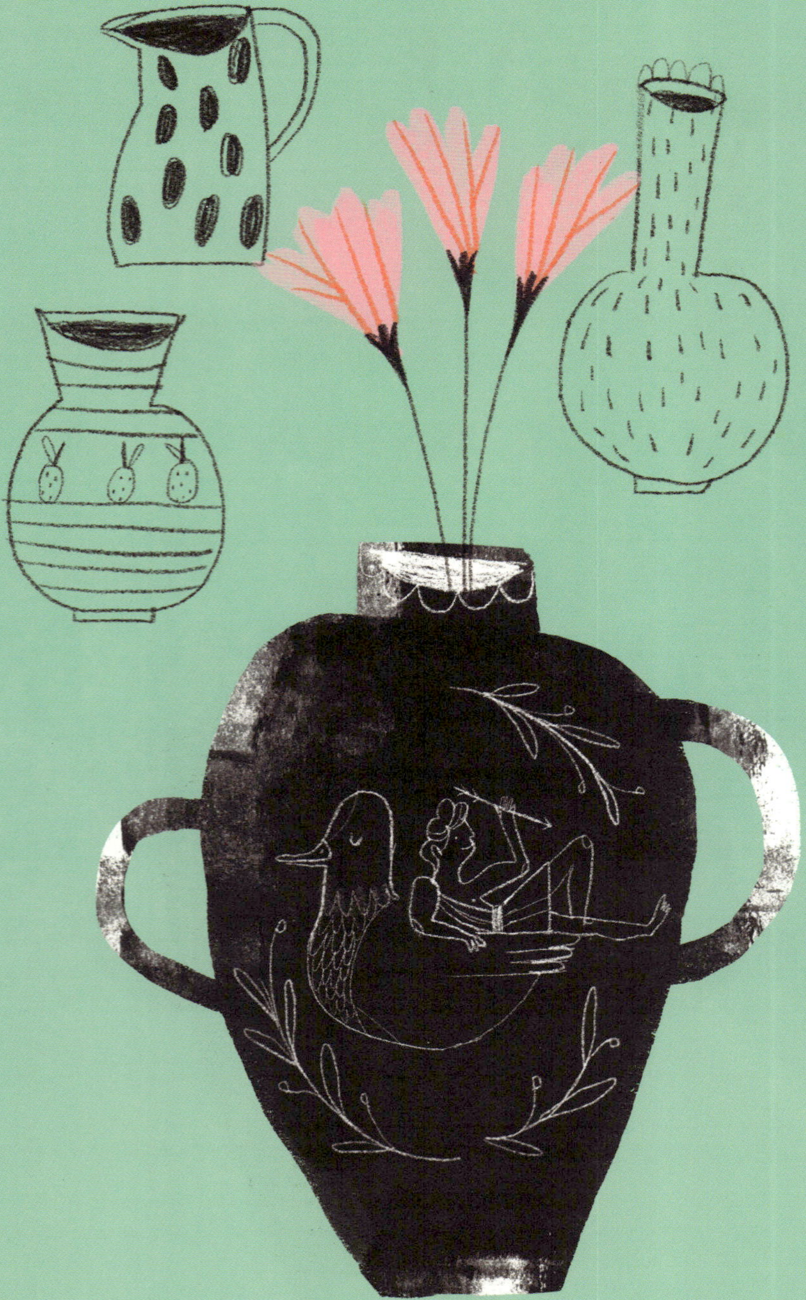

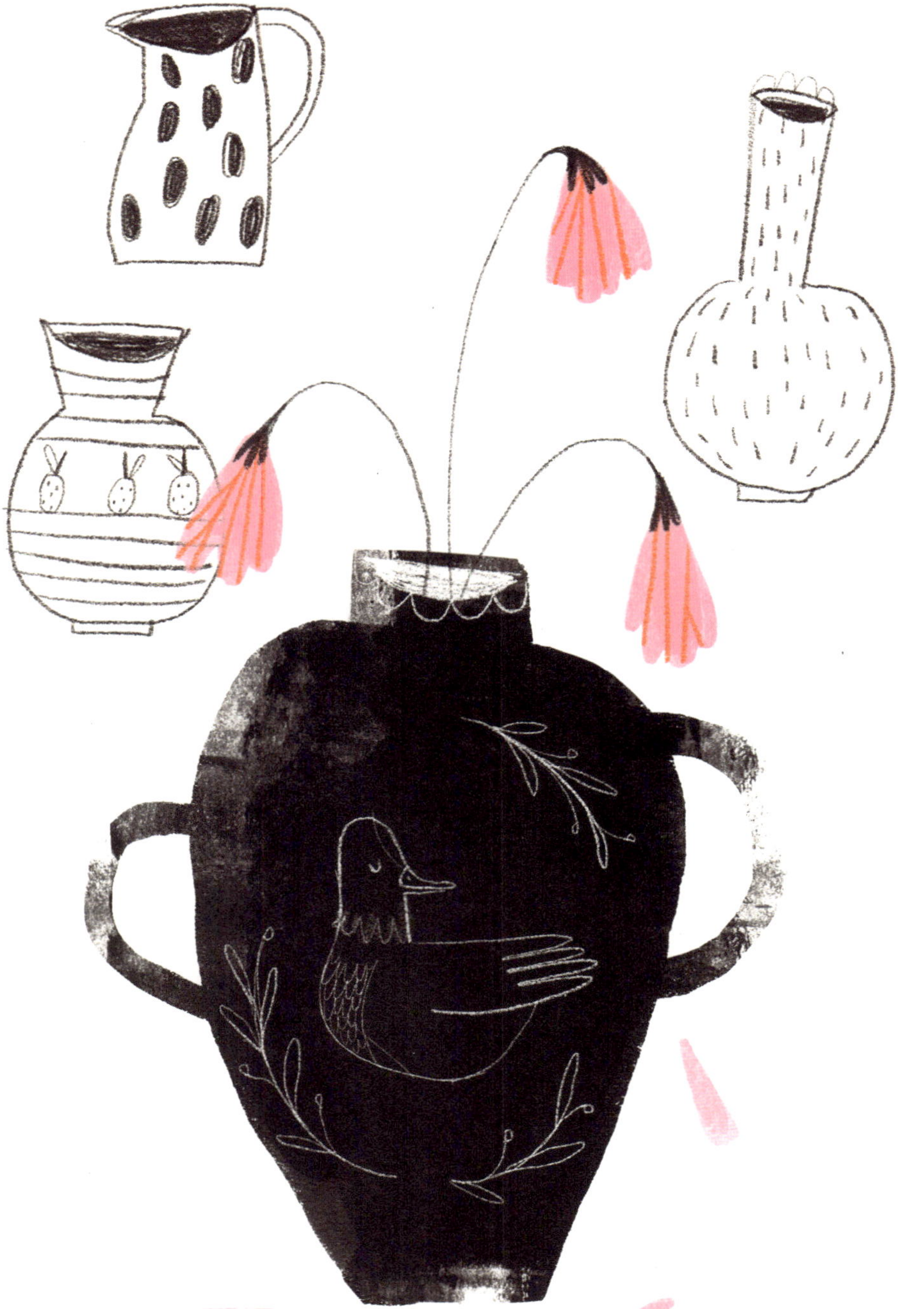

反正,
很快就会
雨过天晴的。

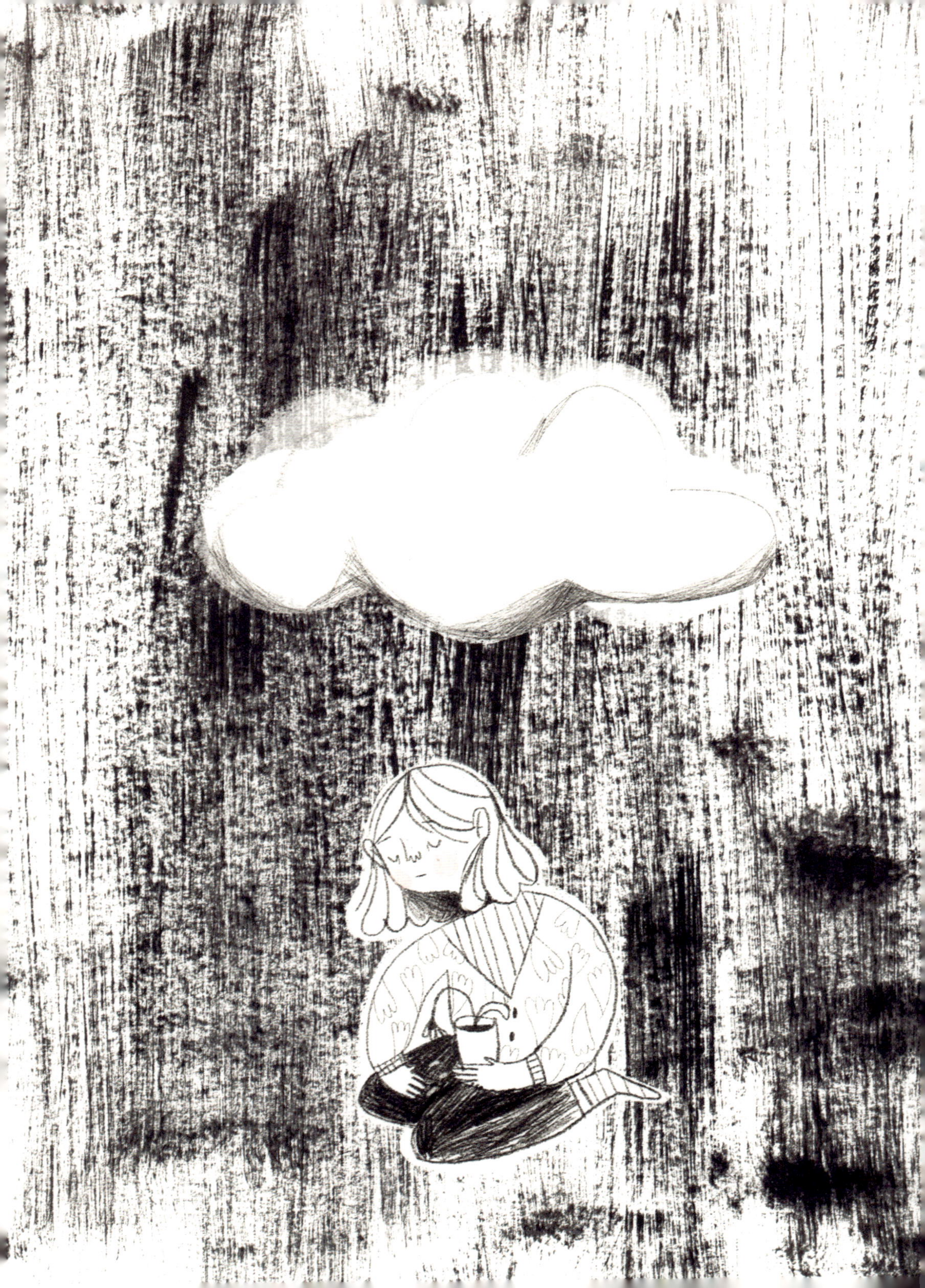

但是，
"很快"
是 →→ 多快呢
〉〉〉
。。。

我先是问我自己，
然后去书里寻找答案，
最后发现：

我们的情绪状态
大概可分为

3到5个
阶段

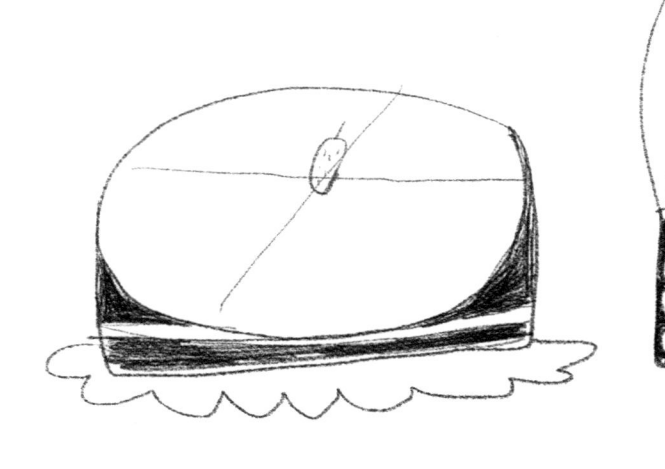

*我取了黄金中间值，
也就是分成了4段。

ヒろがって

登场

这边 →

第一阶段：

震惊

在最最开始的那一刻，
我的感觉基本上是……

没感觉。

我们分手吧。
其实我们也不算
在一起过。是你理解错了。
我们不太合适。
你我们太不一样了。
是我变了。
是我的
感觉变了。
不是你
的问题。
该怎么
说呢……
你没变。

当这些信息自己慢慢进入我的意识时，我的大脑突然开始飞速旋转：

诶，救命啊！
我的人生完蛋了！

紧张地眨眼

跟大脑解释说，不要有错误的想法，试图挽回应该是没用的……

说起来

这样就开始了**第二阶段**：

我的脑子开始不想别的，

只是一直不停地琢磨——

怎么才能（再）把那个人赢回来。

要知道：这怎么可能嘛！

我<u>**从没**</u>想过会被分手！

不过现在，我已经有<u>**主意**</u>了：

只需要在几个地方

调整角度、作出改变

他就会发现——

我才是他唯一的**真爱**。

皆大欢喜。

诶呀……
你们不用担心啦，

我这样挺舒服哒！

然而，问题还是出现了。

1.

他爱我，就是爱我本来的样子啊。

2. 每个人身上总有一些无法改变的东西。

以及，

3. 当我作出改变，我是否真正快乐呢？

等想明白了这些，就到了

第三阶段

听起来好像进度过半了呢……
别想得太美。
此刻才终于算是**真正的开始**。
处在**愤怒**与伤心旋涡中的我，
要开始收拾**残局**。

现在回头看看柏拉图的
"球形人理论"
还笑得出来吗？

　　　　　——哎，突然发觉这个说法
　　　　　　也不是全无道理。

"我早就
　跟你们
　　讲过了嘛……"

我们曾经

那么。

般配。

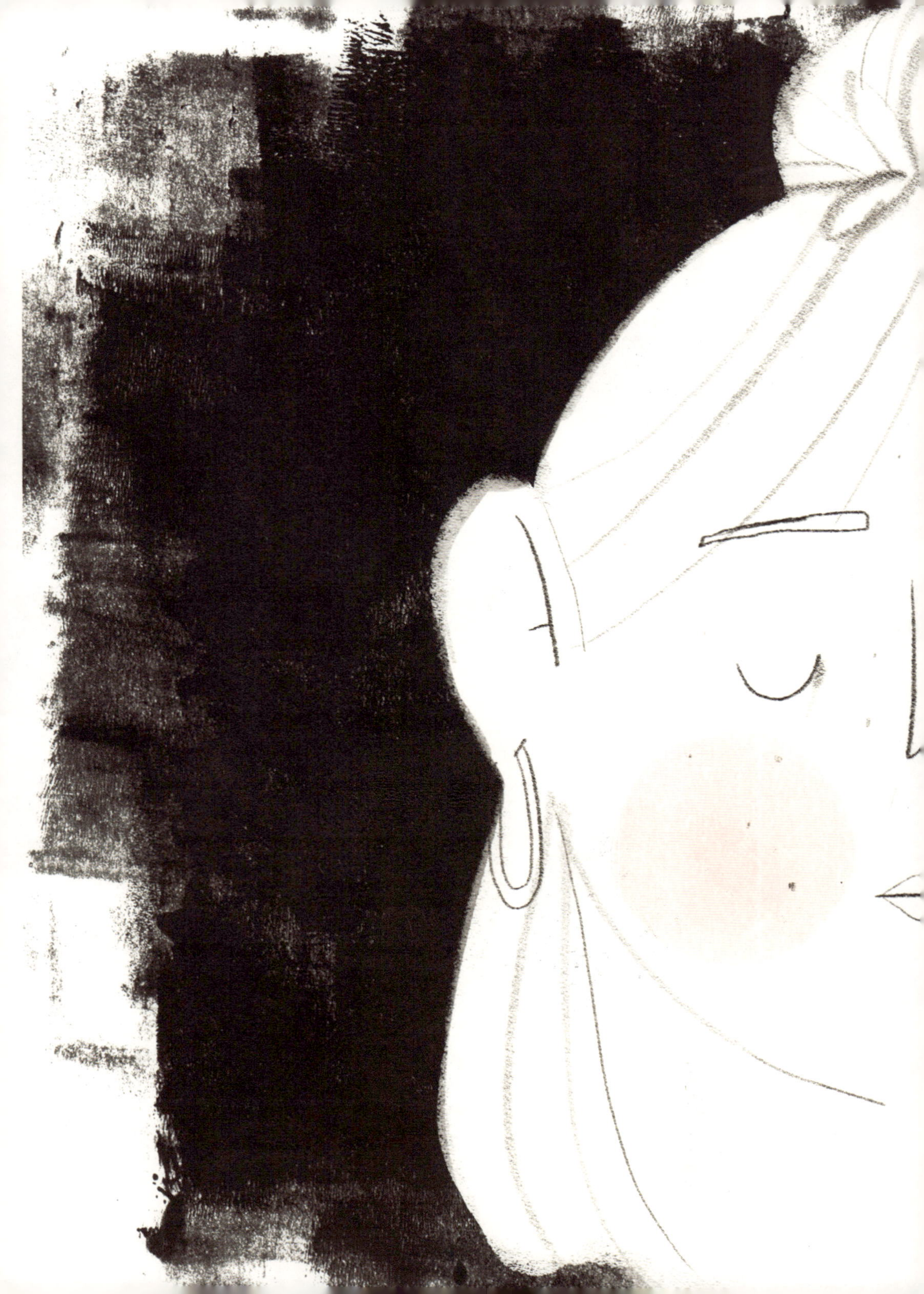

突然之间
缺了（一半）

跟一个人在一起越久，
心理上的这个空缺就

　　　　越大。

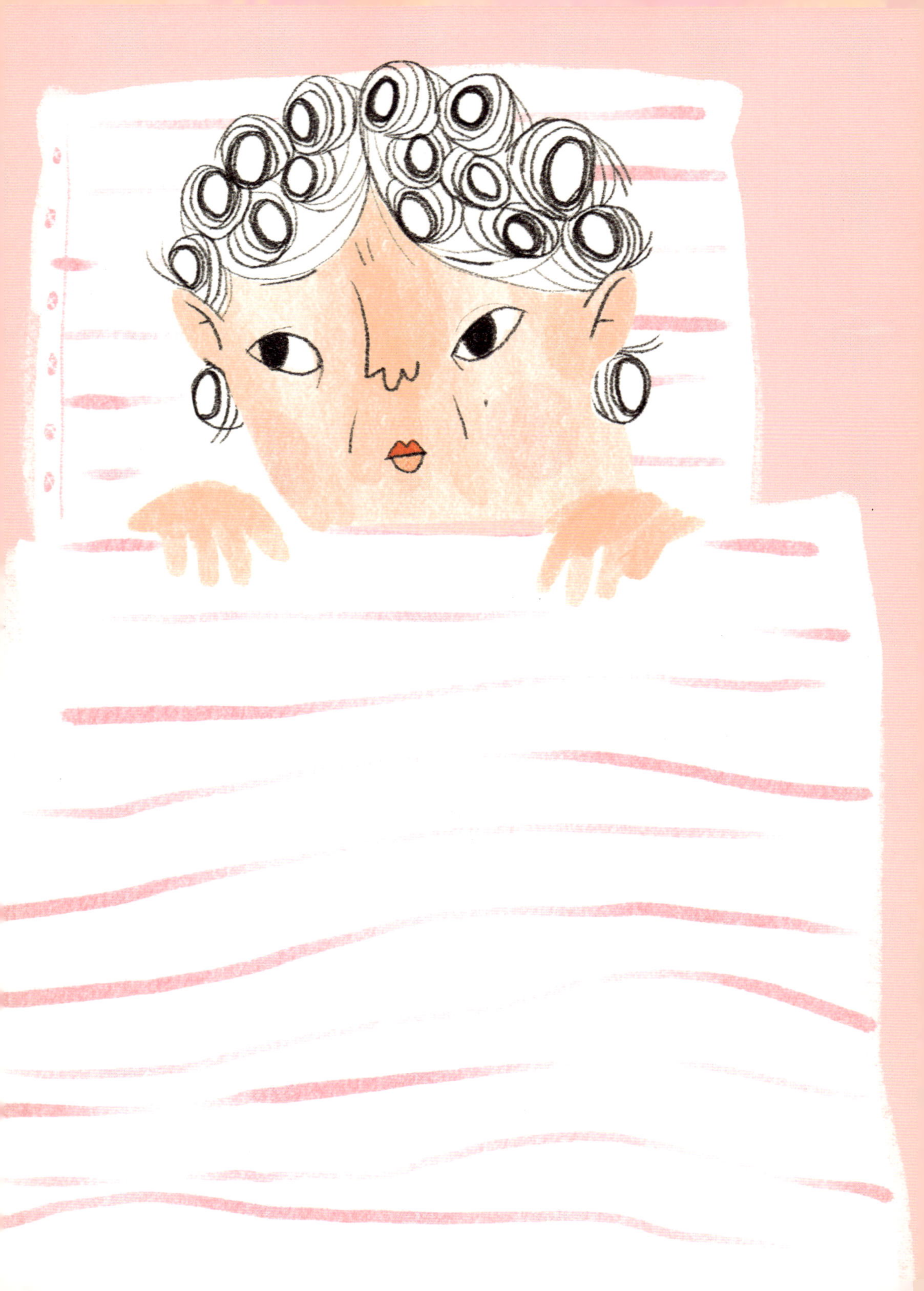

矛盾的是：
想念一个人时，会感到空虚；
而这个人又仿佛无处不在。

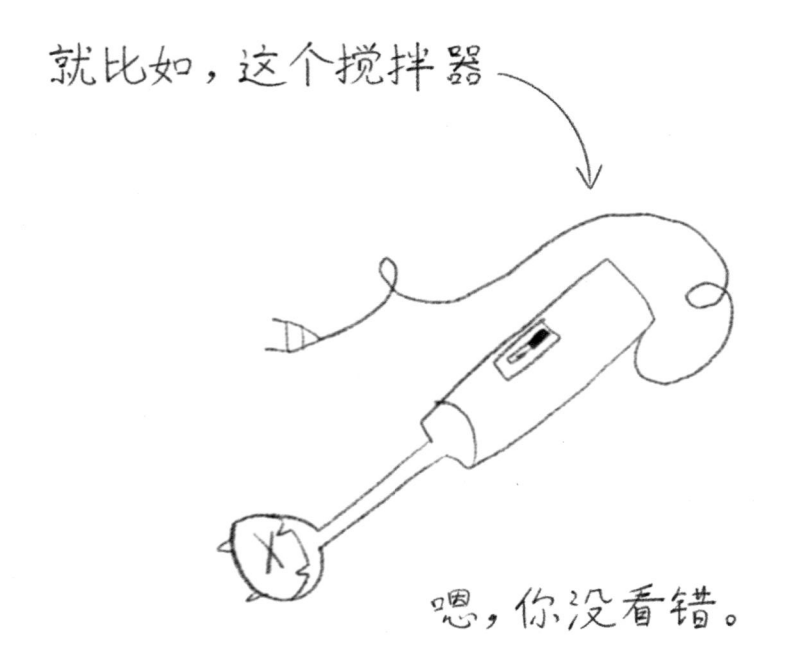

就比如，这个搅拌器

嗯，你没看错。

每次看到这个搅拌器，
我就会想起他。

世界上没有
第二个人
能把
鹰嘴豆泥
做那么好吃了······

我是说真的！

*这一点待会儿接着说

所幸，有很多杂志和公众号的文章传授了应对失恋的"秘诀"：

把跟这个人有关的一切回忆从生活里统统剔除！

多谢指点。

我现在就试试……

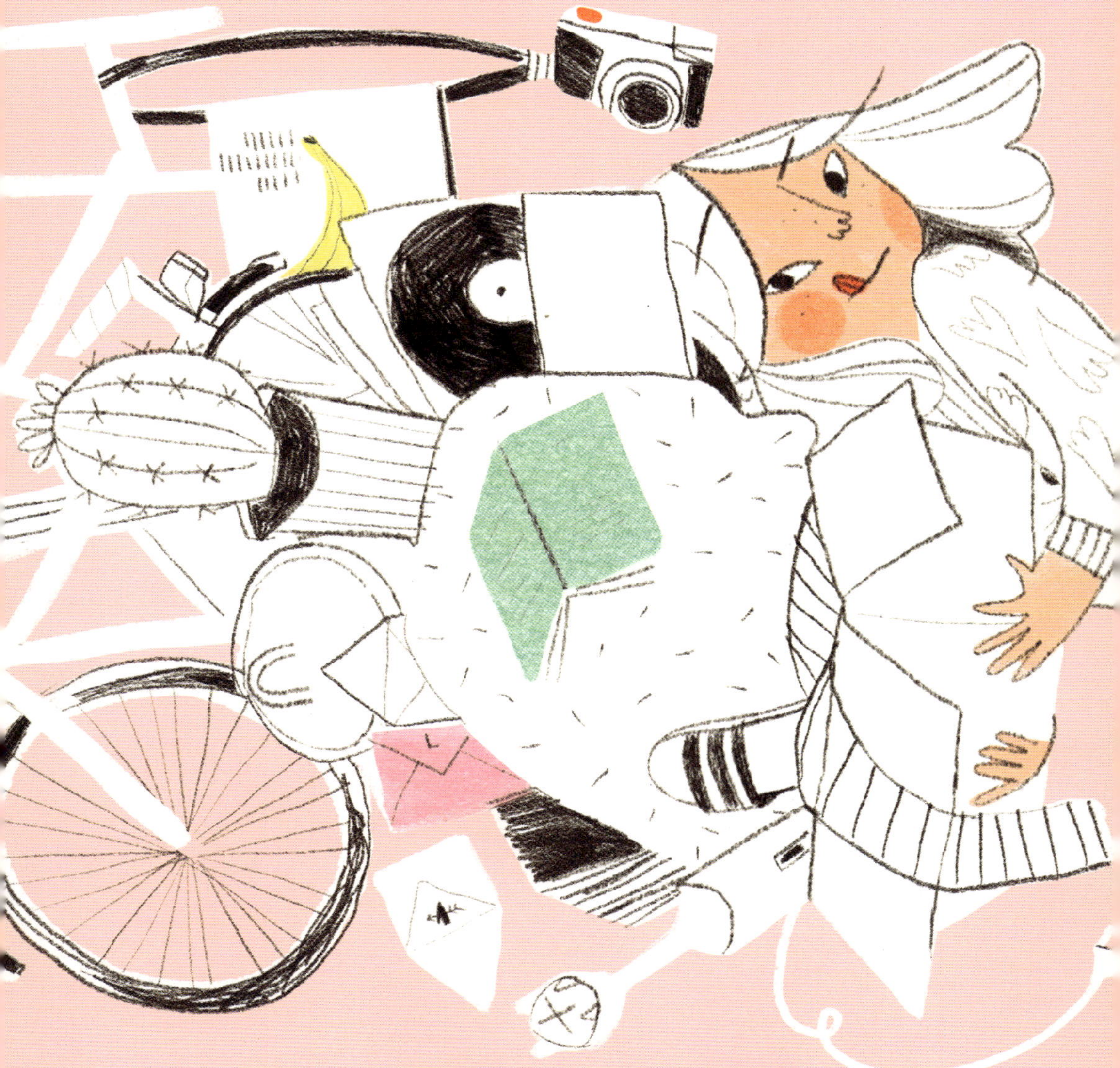

然而很多时候，
清除回忆并非易事。

"干脆出趟门吧，
　去海边玩儿
　就开心了。" ——走得远远的!!!

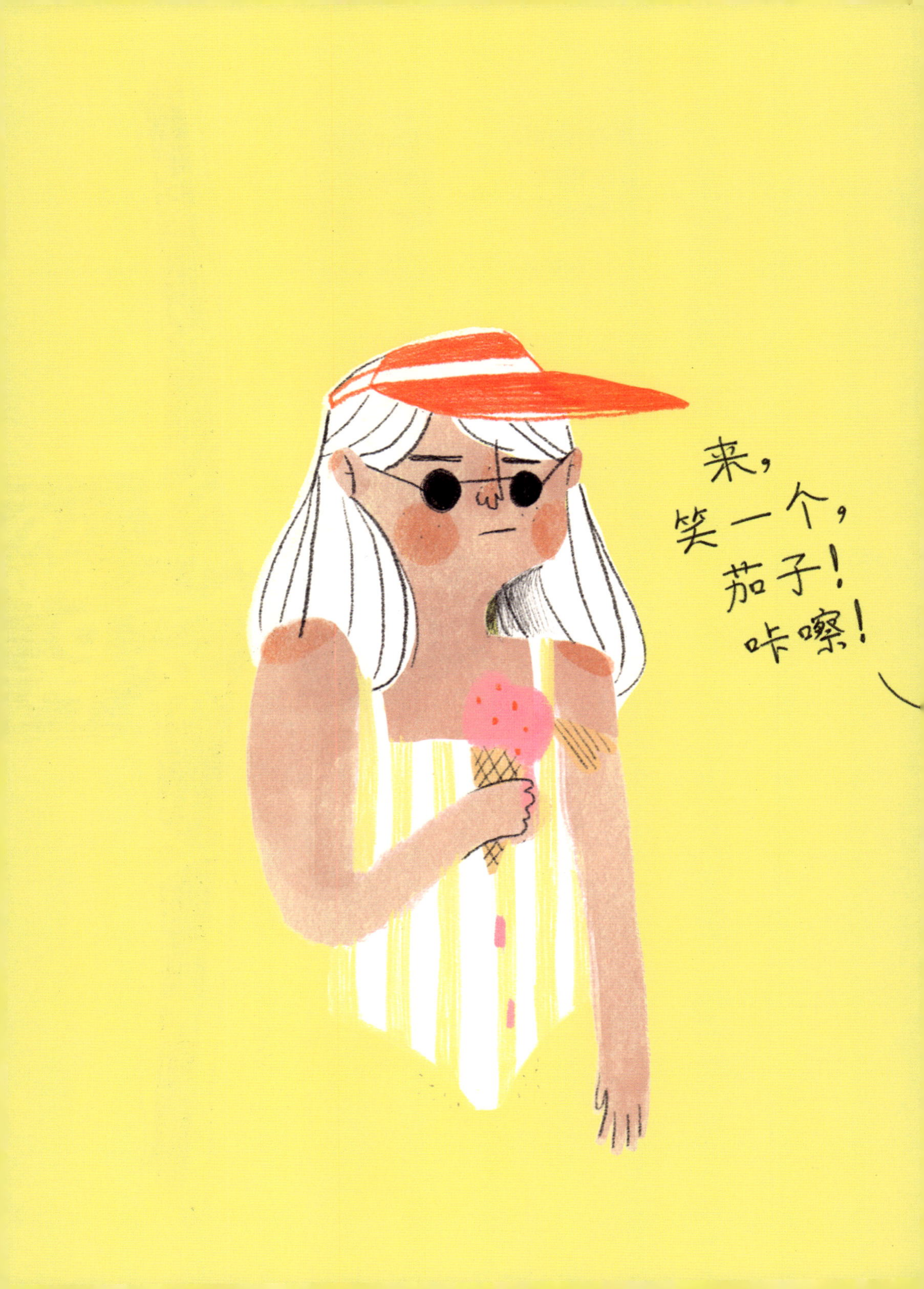
来，
笑一个，
茄子！
咔嚓！

问题在于：

（figure with labels: 这儿 → ; 那儿 → ; 你, 忽略, 朱, 重要的事, 个人）

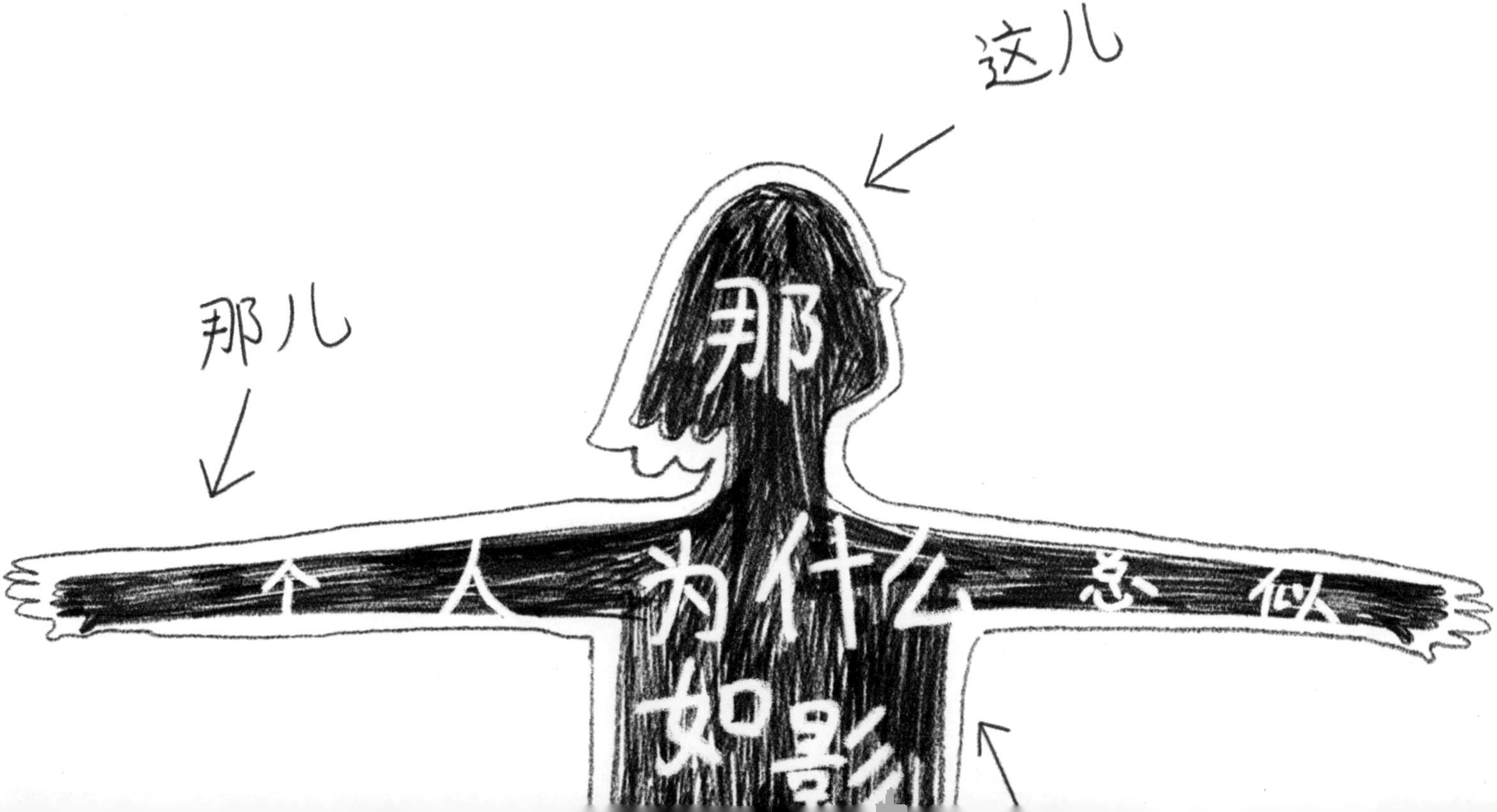

那儿也都定

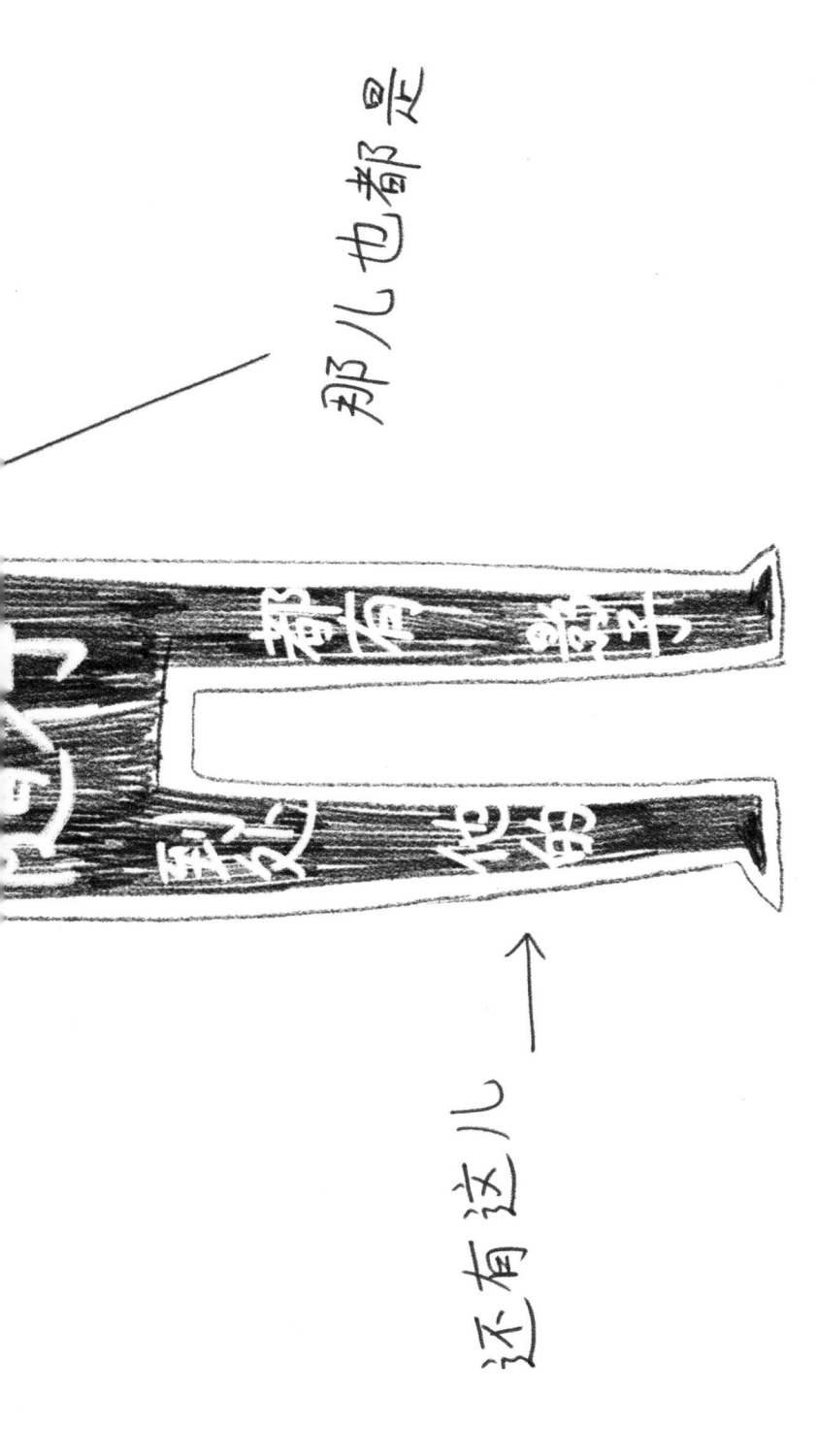

还有这儿 →

哎。

天啊 我到底 要怎样才能 熬过去 才不用 像伊索尔德一样心碎而亡。

好问题，
　不过<也>真是很难
　回答的问题。

虽说每个人都有自己的情绪节奏，
但我也想分享些建议。
谁叫我没把自己当外人呢~

　　　　　　　　　准备好了吗？

第一条来了：

痛快地 **大醉一场**

痛快地 **大哭一场吧！**

不是，开酒精可～

没逗我吧？

骗你是小狗。

哭可以帮助我们
释放压力
哭完才好
面对现实啊

啦。
好东西。

这都是什么
破主意。
我现在只想要
开心！

我明白，但我们是不是
可以允许和接受自己
有时候心情不完美，
而不是非得像机器人一样
被设定成
永远开心的样子？！？！

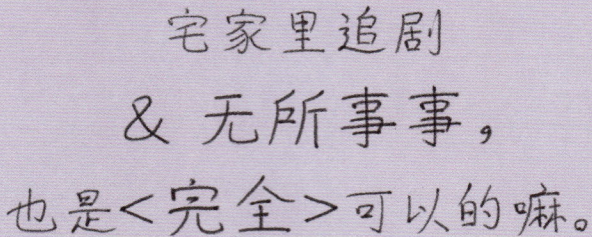

宅家里追剧
& 无所事事,
也是<完全>可以的嘛。

去超市之前
不洗头不化妆,
也是可以的嘛。

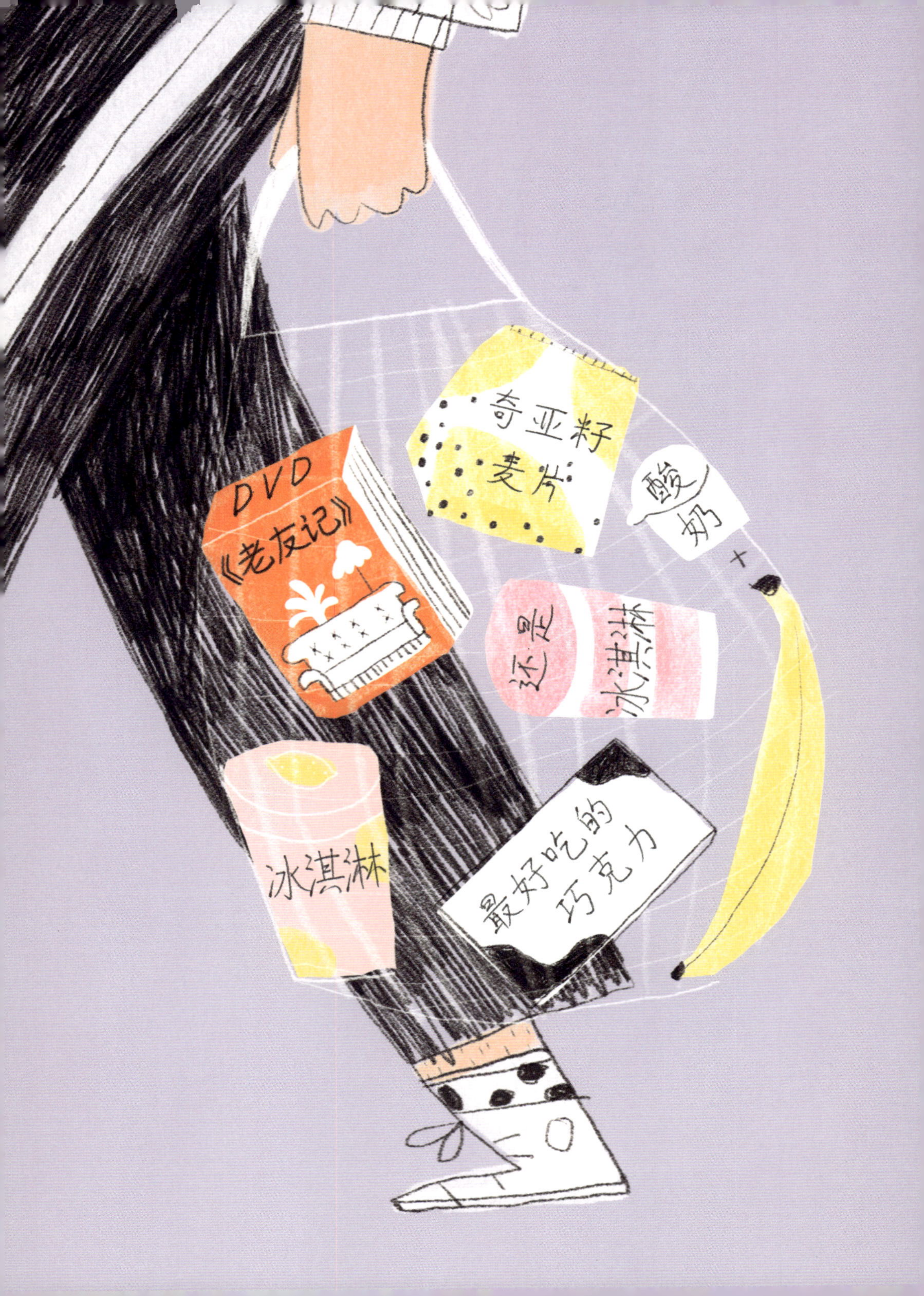

奇亚籽
麦片
酸奶
DVD
《老友记》
还是
冰淇淋
冰淇淋
最好吃的
巧克力

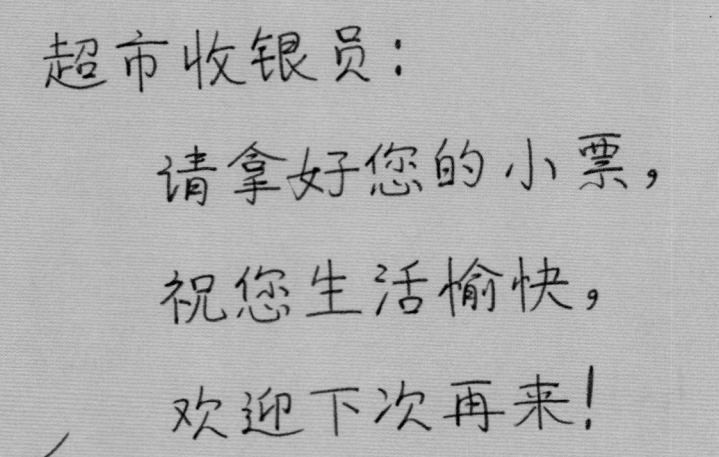

超市收银员：
　　请拿好您的小票，
　　祝您生活愉快，
　　欢迎下次再来！

多谢!
愉不愉快
有什么大不了的。
再见!

我可以不开心,
也不用想着一定要
让自己开心起来。

尤其是男人，
特别擅长

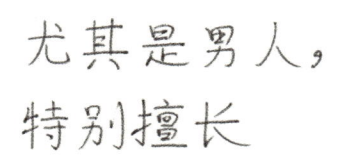

假装自己
没有

软弱
的一面

绝口不提自己的情绪。

...
男人
都这样。

女性据说在面对这种情况时
会更加务实一点儿

— 务实的刘海 →

她们更愿意
跟身边的人
倾诉感受。

诶，我现在剪了哈！

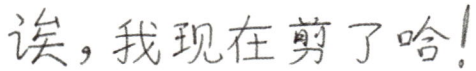

嗯，剪吧。
之前他一直
不让我剪刘海来着。

现在，
我要做所有
我觉得好的事儿

——那些之前因为
　　他反对就放弃了的事儿。

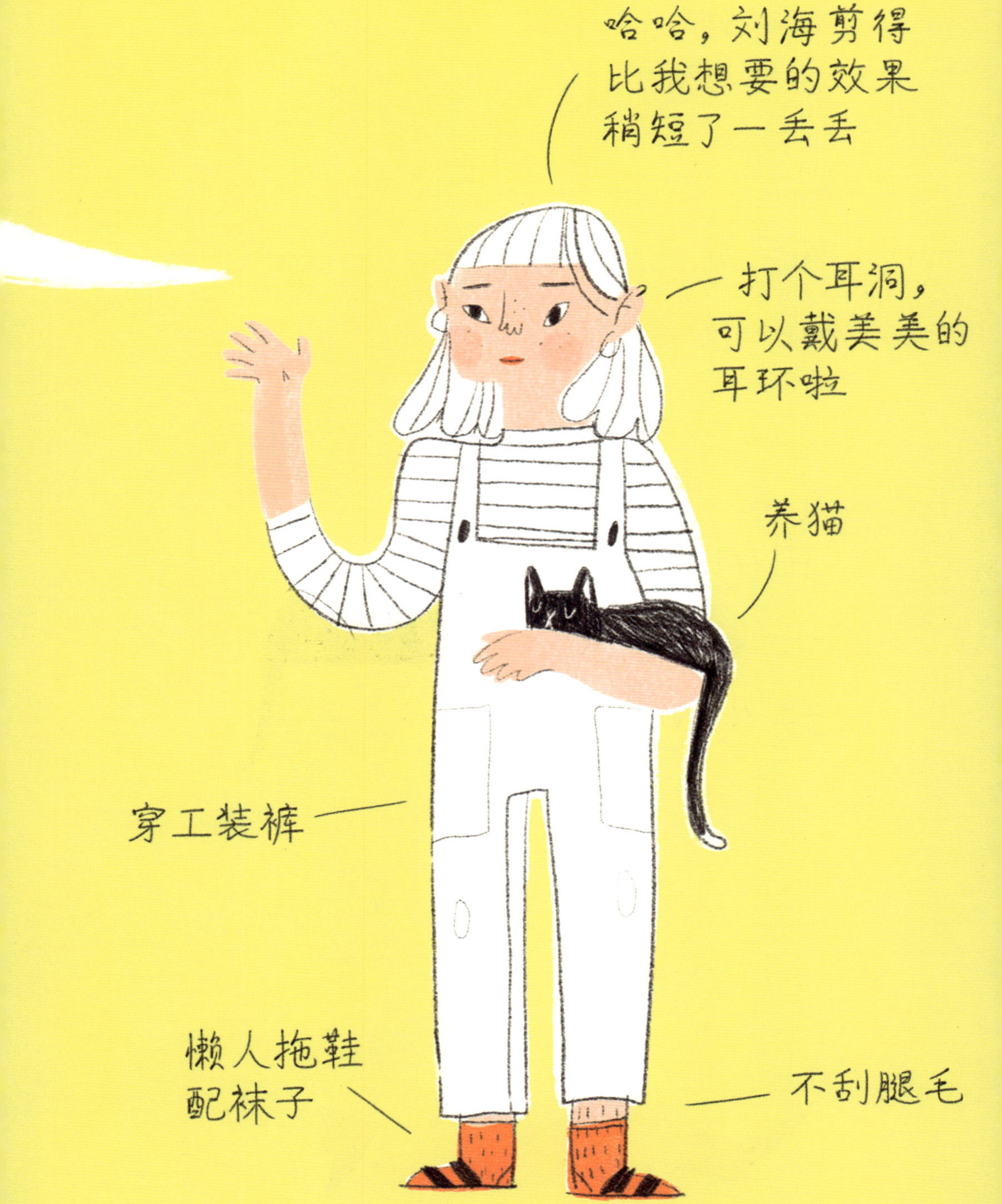
哈哈，刘海剪得
比我想要的效果
稍短了一丢丢
打个耳洞，
可以戴美美的
耳环啦
养猫
穿工装裤
懒人拖鞋
配袜子
不刮腿毛

有时候，
做完这些事儿
很快又会感觉没意思，
甚至有点儿无聊，
脑子里会悄悄冒出一个想法：

是不是可以
有**其他人**
填补一下**无聊**
和**缺失感**……？

注意啦

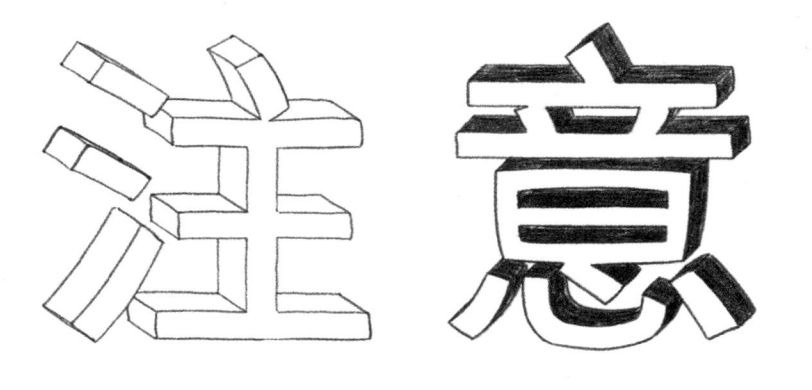

这里特别多加一页
》—→

千万 千万

不要因为不想独处
就开始新恋情！

因为，
这是你

而这位 ↘

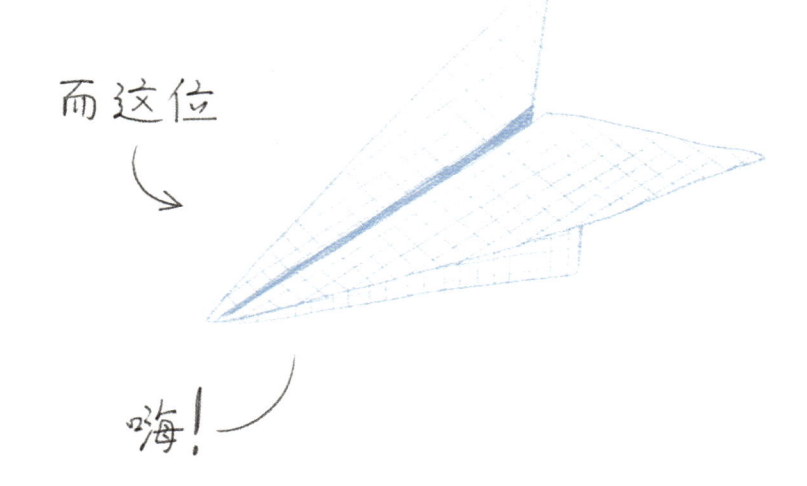

嗨！

……是一个毫不知情、
很可能会被你
伤到心的人。

要我说啊，
织毛衣就是个
不<那么>难
做到的
转移注意力
的方法。

你这帽子
　看着挺逗。

多谢,
这可是
我自己织的!

或者你能想到一些别的事情来排遣情绪。
稍微看一眼文学史，
你就会发现有那么多优秀的作品
都是由失恋的"心痛"创造的。
我倒也不是想把自己织的毛线手工
拿来跟歌德的作品相提并论，
不过他倾注在这部小说里的
那种求而不得的感情，
的确令他在25岁时声名鹊起。

→ 少年维特之烦恼

把思绪写下来
可以使你整理心情的过程
变得简单而且可见——→很有成就感的！

哪怕写不成什么伟大的小说。

我 ↓   歌德 ↙

我织的 ——

　　　　我织的

我织的

我织的 ——

不是我织的 ——

腿毛 ——

↑ 我织的

偶尔，

想念他的

我也会 想起他，

抱

&

偶尔，
我也会
想起他，

然后

专心织

我的毛衣

总算到了!!!
第四阶段

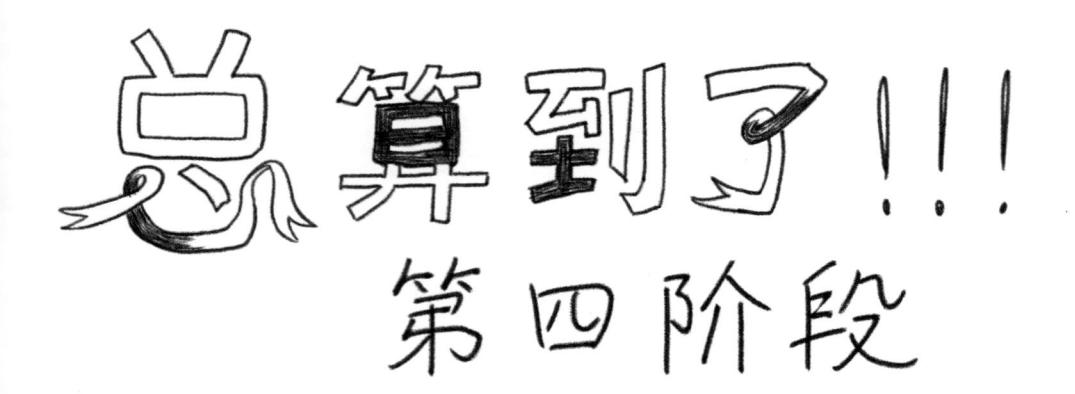

尽管头一天我还在想，
"我大概永远也不会好了。"
但第二天，总会感觉
又OK了那么一点点。
一定记住：
一个人待着，并不代表孤独或者
生活不完整。

冒犯了哈，
柏拉图老先生。

我在书里说的是，
阿里斯托芬 和
　苏格拉底 还有
迪奥蒂玛
他们是这么认为的

而已……

且慢……

要是大家都可以说
两句的话，
那我也要再说写上
点儿，那就是：

治愈失恋的良药，是<先>爱自己

你或许需要一段时间
去重新习惯
如何陪伴自己、认识自己,
把日子过得很充实。

这听起来像是"鸡汤",
　　　但总好过对自己说——

一个人
是永远
不会快乐的。

除此之外

接下来有两个
灵魂拷问

问题#1

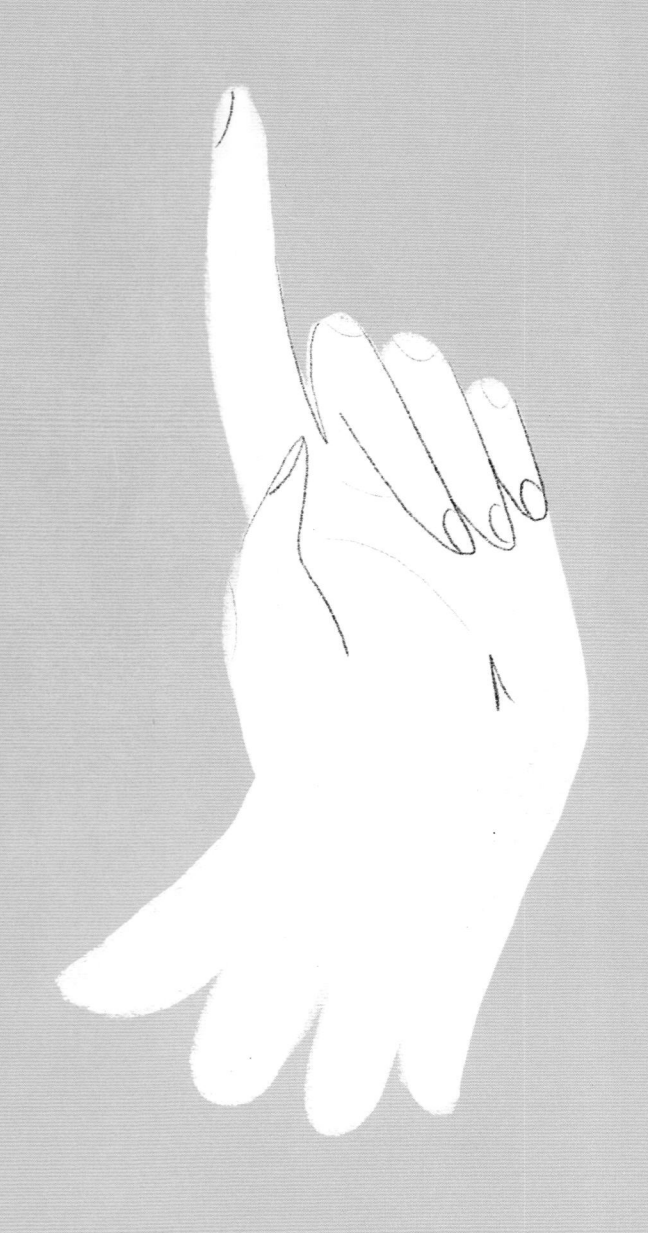

你真的孤身一人吗?

问题#2

一个人
就一定
代表
孤独吗?

亲密荷尔蒙（前文出现过哦！）

不仅可以产生在
恋爱关系中，

也可以产生于

友情中

这也是爱呀！

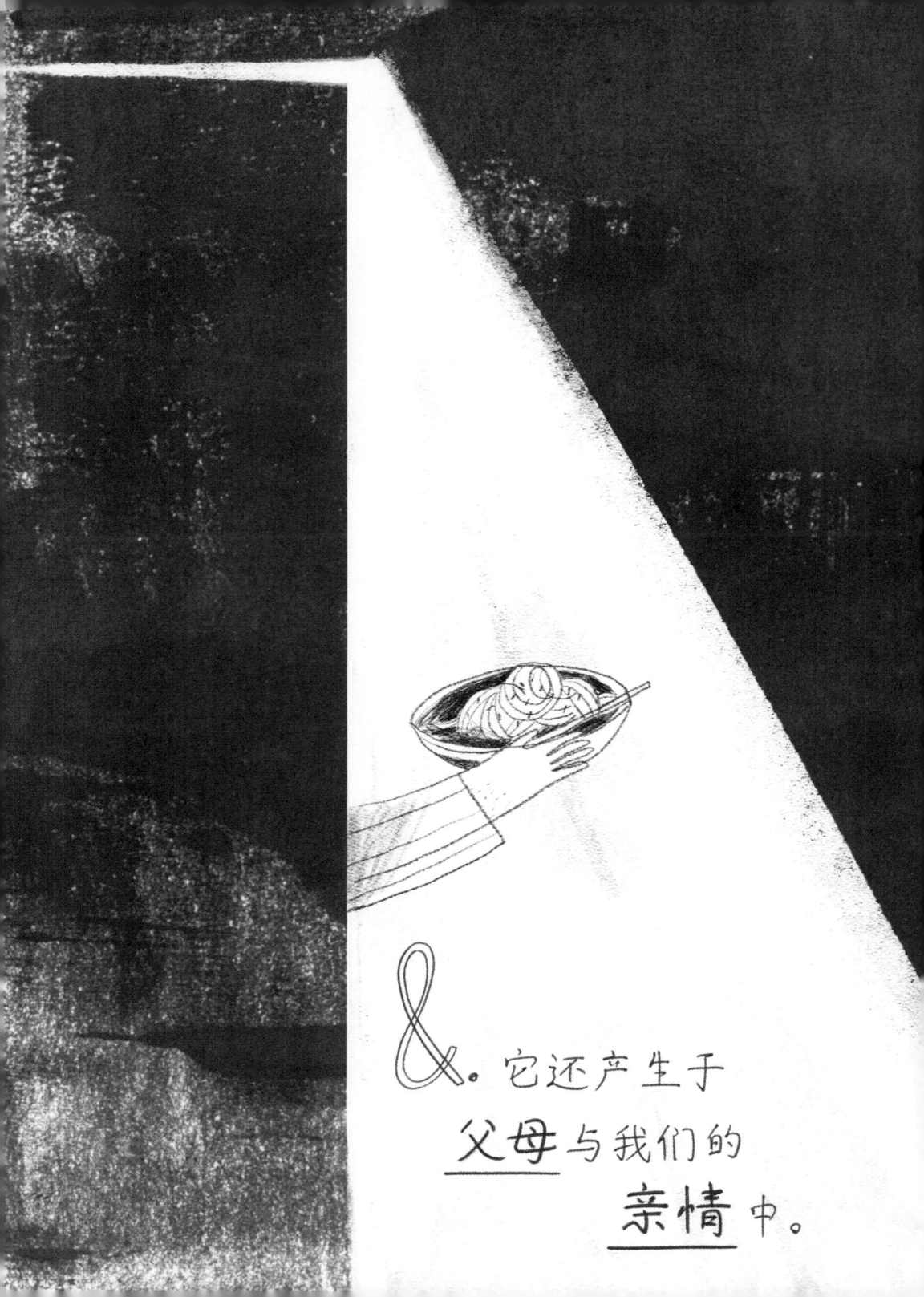

&. 它还产生于 <u>父母</u>与我们的 <u>亲情</u>中。

我马上
就来吃饭……

它也产生于

　　我们与萌宠

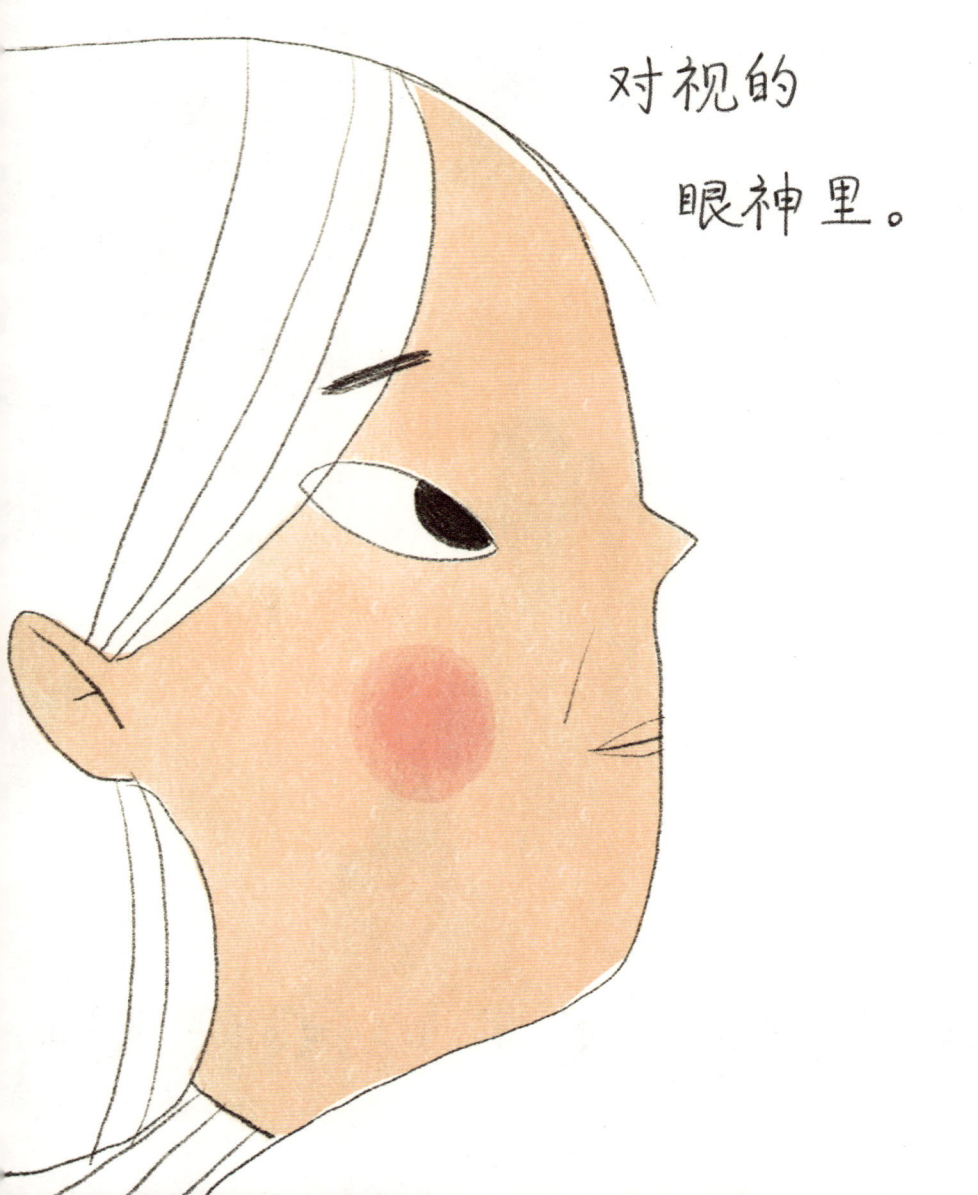

　　　　对视的

　　　　　眼神里。

某种程度上，
这整出"失恋大戏"最终是值得的。

当我这么想时，
我发现失恋已经看起来不那么讨厌了。

~~曾经存在过的某些东西，如今已不在我的生活里了。~~
生活里的某些东西，如今已然变了模样。

失恋也可以带给我们
　　　　同样多**新鲜的、积极的**
　　　　　　　　人生经验！

而且，你看：
我们过分强调了"失恋"中的"失"。

而当我们重新
认识自己，
接纳自己，

会发现 爱

其实是无所不在的。

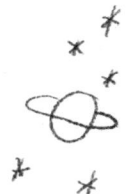

~~THE END~~
这不是结束，是开始！

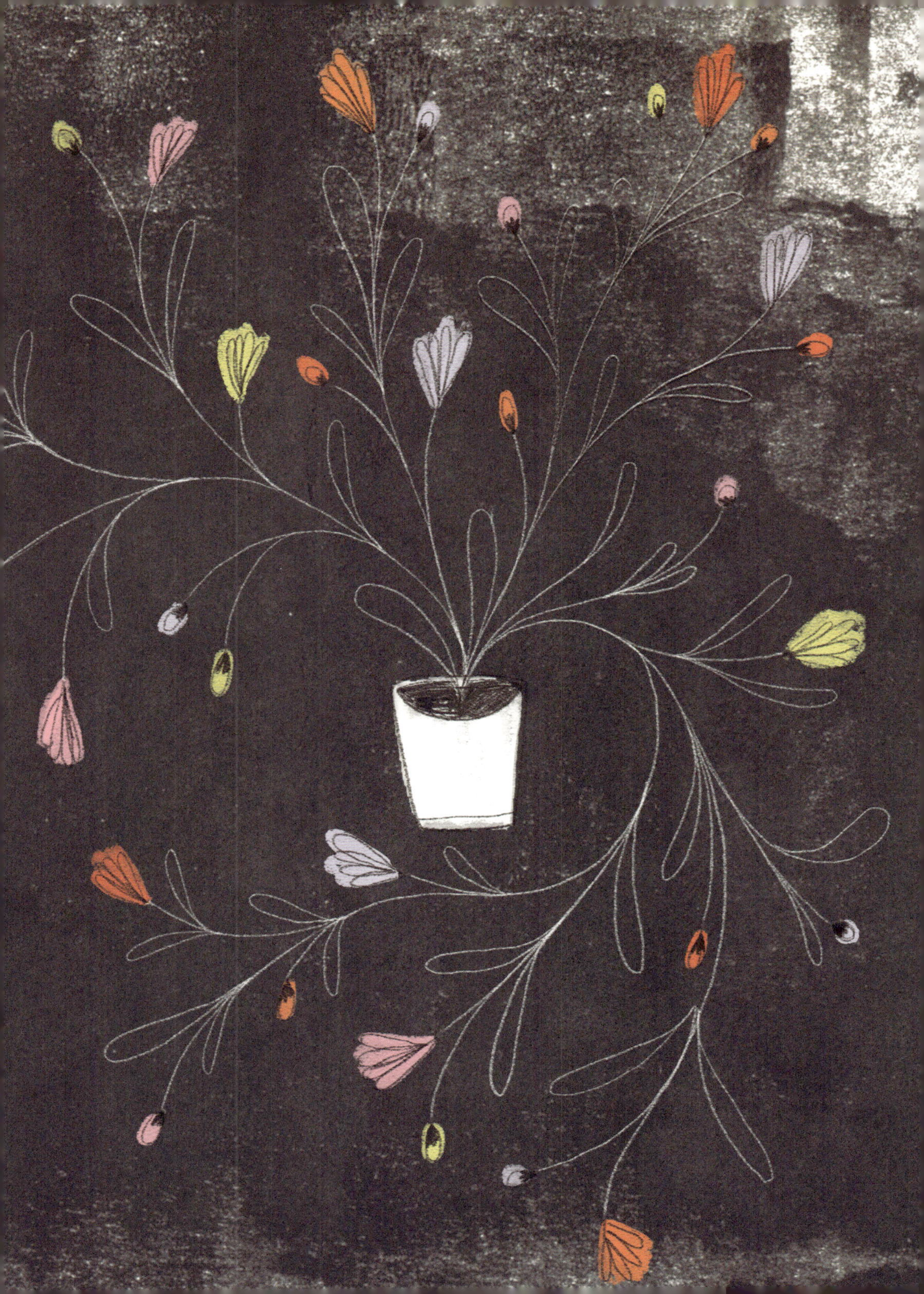

作者的话

嗨！你们好呀！

可能你想知道，是谁在这儿胡扯些爱啊痛的？！

　　　　正是在下：露西娅 ≫→

或许你已经通过我的第一本书认识我了：《红色其实很美啊》

如果还没有，一定要去读一下哦！

关于本书，我想说的是：

我不是什么心理咨询师或者医生。之所以能创作这本书，很明显是因为我曾经失恋过——不止一次。另一个原因就是，我身边的人都曾经历过失恋的苦恼——不止一次。书中的每种心情、想法都是我们私密心境的呈现：那些我们最真实的时刻，最真情流露的时刻。

而这也是我个人所认为的，处理失恋情绪的第一步：正视自己的伤口。

在这个阶段里，知道自己不是一个人在战斗，不是一个人在面对情绪上的伤害，对于失恋中人可以有一丢丢的帮助。

本书不是一本疗伤手册之类的工具书，也不是魔法药水。我希望它能成为你的一位朋友，在你人生中十分糟心但又十分重要的时刻可以在你身边，对你说：没错，你就 ~~可以~~ **应该**这样去感受、去思考、去表达、去任性。

而无论你相信与否：一切总会过去，甚至会变得越来越好。在此之前，你不会孤单，因为有我在这儿陪着你呢。

图书在版编目（CIP）数据

胸口的大象：为何失恋也值得 / (德) 露西娅·扎莫洛著；小轶译.
--北京：中国青年出版社，2022.10
书名原文：Elefant auf der brust
ISBN 978-7-5153-6762-0

Ⅰ.①胸… Ⅱ.①露…②小… Ⅲ.①恋爱心理学—通俗读物 Ⅳ.①C913.1-49

中国版本图书馆CIP数据核字(2022)第162955号

著作权合同登记号：01-2021-3065
Original edition©2020 Bohem Press GmbH Münster.
Original title:"Elefant auf der Brust" by Lucia Zamolo (ISBN 9783959390972).
All rights reserved.

胸口的大象：为何失恋也值得
作　　者：[德] 露西娅·扎莫洛
译　　者：小　轶
责任编辑：陆　遥
图文制作：俞　宙
出版发行：中国青年出版社
社　　址：北京市东城区东四十二条21号
网　　址：www.cyp.com.cn
编辑中心：010-57350403
营销中心：010-57350370
经　　销：新华书店
印　　刷：北京科信印刷有限公司
规　　格：700×1000mm　1/16
印　　张：8
字　　数：7千
版　　次：2022年11月北京第1版
印　　次：2022年11月北京第1次印刷
印　　数：1-5000册
定　　价：68.00元

如有印装质量问题，请凭购书发票与质检部联系调换
联系电话：010-57350337

小狮子绘本馆

☆结尾彩蛋☆

对了，
"全世界最好吃之鹰嘴豆泥"
的做法是这样的：
把以下食材扔一块儿搅成泥就行了：

一点儿
橄榄油

1~2个
蒜瓣

一点儿
茴香粉

半个
或整个柠檬挤出的汁

2~3勺
芝麻酱

一罐
鹰嘴豆罐头

少许盐

最后，
加点儿
罗勒叶
装饰

搞定☆
请享用吧～